VENTE A PARIS
…di 22 Avril 1913
HOTEL DROUOT, SALLE N° 8

Monnaies Romaines

MONNAIES FRANÇAISES

JETONS

COMMISSAIRE-PRISEUR :
Me EMILE BOUDIN
14, RUE DE LA GRANGE-BATELIÈRE

EXPERT :
M. ÉTIENNE BOURGEY
7, RUE DROUOT, 7

PARIS

ADRESSE TÉLÉGR. ÉTIENBOURG-PARIS

Monnaies Romaines

MONNAIES FRANÇAISES

JETONS

VENTE AUX ENCHÈRES PUBLIQUES

A PARIS, HÔTEL DES COMMISSAIRES-PRISEURS, RUE DROUOT, 9

SALLE N° 8, AU PREMIER ÉTAGE

Le Mardi 22 Avril 1913

A DEUX HEURES PRÉCISES

EXPOSITION PUBLIQUE UNE HEURE AVANT LA VENTE

COMMISSAIRE-PRISEUR :
Me Emile BOUDIN
14, Rue de la Grange-Batelière

EXPERT :
M. Etienne BOURGEY
7, rue Drouot, 7

PARIS

Adresse Télégr. ÉTIENBOURG-PARIS

Exposition particulière :

Les 17, 18, 19 et 21 Avril 1913, chez M. Etienne BOURGEY, expert, 7, rue Drouot. (Tél. 274-64).

Exposition publique :

Le Mardi 22 Avril 1913, Hôtel des Ventes, Salle 8, une heure avant la vente.

La vente aura lieu au comptant.

Les acquéreurs paieront dix pour cent en sus des enchères.

L'authenticité des pièces est garantie.

M. Etienne BOURGEY, 7, rue Drouot, se charge d'exécuter les commissions qui lui seront confiées.

L'ordre du catalogue sera suivi ou non. L'expert se réserve le droit de diviser ou de réunir les lots.

MONNAIES ANTIQUES

1 **Gauloises**. *Atrébates*. Tête laurée. ℞. Cheval disloqué sur une base festonnée (Cf. de La Tour. XXXV. 1593). Statère. Or. B.

2 *Tectosages*. Tête à dr. ℞. Croix (IX. 3190). — Tête à g. ℞. Sanglier (X. 3433). Arg. — Ens. 2 p. B. et TB.

3 *Sequani*. Cheval (5527). *Veliocasses*. Homme nu (7276). *Catalauni*. Ours (8124). *Leuci*. Sanglier (9078). Taureau (9248). *Senones?* Sanglier. Pot. et Br. — Ens. 6 p. B. et TB.

4 Gauloises variées. Pot et Br. — Ens. 24 p.

5 **Italiotes**. *Sabatini*. S. Tête casquée à g. ℞. Même tête à dr. (Garrucci XXXV. 2). Semis. Br. B.

6 Foudre avec 4 globules. ℞. Même type (G. XXXV. 3). Triens. Br. B.

7 *Sabini*. Main ouverte et 3 globules. ℞. Deux grains d'orge et 3 globules (G. XXXVII. 4). Quadrans. Br. B.

8 *Saura Faliscorum*. Tête de Dioscure à g. et 2 globules. ℞. Même tête à dr. (G. XXXIV. 5). Sextans. Br. B.

9 **République Romaine**. Tête de Janus. ℞. Proue à dr. (Babelon, p. 34. 51). As libral. Br TB.

10 Tête de Janus. ℞. Proue à g. (B. p. 45. 14). As triental. Br. B.

11 As réduit — Semis. — Once. — Romano-campaniennes (3 variétés). Br. — Ens 6 p.

12 Aburia, Aelia, Annia. Betiliena, Caecilia, Cornelia, Naevia, Rubellia, Valeria. Br. — Ens. 15 p. En général B.

13 *Antonia*. M. Antoine et Octave (51). 2 p. *Cossutia*. J. César (2). — Ens. 3 p. Arg. B. et TB.

14 *Æmilia*. Trophée de Paul-Emile (10). Puits (11). *Caecilia*. Eléphant (43). *Calidia*. Bige (2). *Domitia*. Quadrige (7). *Fabia*. Quadrige (1). Arg. — Ens. 6 p. B. et TB.

15 *Fonteia*. Apollon sur la chèvre (10). *Furia*. Rome couronnant un trophée (18). *Gellia*. Quadrige (1). *Hosidia*. Sanglier (1). *Julia*. Eléphant (9). Enée (10). *Livineia*. Chaise curule (13). Arg. — Ens. 7 p. B. et TB.

16 *Mallia*. Trige (2). *Marcia*. Bige (8). Ecuyer sur 2 chevaux (18). Statue équestre (28). *Papiria*. Quadrige (6). *Pompeia*. Chaise curule (5). Arg. — Ens. 6 p. B.

17 *Porcia*. Trois personnages (4). Victoire (7). *Postumia*. Les Dioscures (5). Sacrifice (7). Homme en toge (8). Mains jointes (10). Couronne d'épis (14). Arg. — Ens. 7 p. B. et TB.

18 *Roscia*. Fille et serpent (1). *Thoria*. Taureau (1). Tête de Sospita (Incuse). *Titia*. Pégase (2). *Tituria*. Rapt des Sabines (1). Mort de Tarpéia (4). *Vettia*. Victoire et trophée (1). Arg. — Ens. 7 p. B.

19 Æmilia (8). Baebia (12). Julia (16). Junia (30). Maiania (2). Manlia (3). Marcia (28). Mussidia (4). Pomponia (6). Rubria (5). — Ens. 8 p. Arg. et 2 p. Br. B. et TB.

20 Æmilia, Appuleia, Calpurnia, Claudia, Considia, Hosidia, Livineia, Manlia, Matia, Plautia, Sergia, Vibia. Arg. — Ens. 12 p.

21 **Empire** (1). *Pompée le Grand*. MAG. PIVS. IMP. Sa tête à dr. ℞. CLAS. ET. ORÆ. MARIT. EX. S. C. Neptune entre les frères de Catane (17). Arg. TB.

22 Tête janiforme de Pompée (16). As. *Jules César*. Tête de la Victoire (7). MB. — Tête de César. ℞. Tête d'Octave (3). GB. — Ens. 3 p.

23 Tête de Cérès. ℞. Instruments de sacrifice (4). Tête de César. ℞. Vénus nicéphore (22). 2 p. *Cassius* Tête de la Liberté (4). — Ens. 4 p.

(1) Les numéros entre parenthèses sont ceux de Cohen, 2ᵉ édition.

24 *Sextus Pompée.* MAG. PIVS. IMP. ITER. Tête de Neptune. ℞. PRÆF. CLAS. ET. ORÆ. MARIT. EX. S. C. Trophée naval (1). Arg. TB.

25 *Lépide et Octave.* Tête de Lépide à dr. ℞. Tête d'Octave (2). Arg.

26 *Marc Antoine.* Galère. ℞. LEG. V. Aigle et 2 enseignes (32). Corbeau et vase. Quinaire. — Tête d'Antoine. ℞. Tête d'Octave (8). Arg. — Ens. 3 p. B.

27 *Lucius et Marc Antoine.* L. ANTONIVS. COS. Tête de Lucius à dr. ℞. M. ANT. IMP. AVG. III. VIR. R. P. C. M. NERVA. PROQ. P. Tête de M. Antoine à dr. (2). Arg. TB. Très rare.

28 *Auguste.* AVGVSTVS. DIVI. F. Tête nue à dr. ℞. IMP. X. SICIL. Diane debout (145). Or. B. Rare.

29 Comète (99). Taureau (141). Temple (281). Arg. — Ens. 3 p. B. et TB.

30 Tête à g. ℞. Bouclier entre une aigle et une enseigne (267). Arg. — Aigle (577). Autel (578). Bill. — Ens. 3 p. B. et TB.

31 Tête à g. ℞. Couronne civique sur 2 capricornes. GB. — Autel (228 et 559). MB. — Ens. 3 p. B.

32 DIVO. AVGVSTO. S. P. Q. R. Auguste dans un quadrige d'éléphants à g. (307). GB. B.

33 Cassia (407). Gallia (434 et 436). Luria (445). Maecilia (448). Salvia (515). GB. et MB. — Ens. 6 p.

34 Auguste. MB. Germanicus et Caligula (1). Plautille. Trajan Dèce. Trébonien Galle. — Ens. 5 p. Arg., Bill. et Br. B. et TB.

35 *Livie.* Bige de mules. GB. *Agrippa.* MB. *Agrippa et Auguste.* 2 MB. de Nemausus. *Tibère.* 2 MB. et 1 PB. — Ens. 7 p.

36 *Tibère.* TI. CAESAR. DIVI. AVG. F. AVGVSTVS. Tête laurée à dr. ℞. PONTIF. MAXIM. Livie assise à dr. (15). Or. Très belle pièce.

37 *Germanicus.* GERMANICVS. CAESAR. Quadrige. ℞. SIGNIS. RECEPT. DEVICTIS. GERM. S. C. Germanicus debout (7). MB. TB. Rare.

38 *Antonia*. MB. 1 p. *Caligula*. MB. 1 p.; PB. 5 p. — Ens. 7 p. TB.

39 *Agrippine mère et Caligula* (2). *Claude I*. Couronne civique (93). Arg. — GB. 3 p.; MB. 1 p.; PB. 1 p. *Agrippine jeune et Néron* (7). Arg. — Ens. 8 p. B.

40 *Néron*. NERO CAESAR. Tête laurée à dr. ℞. AVGVSTVS. GERMANICVS. Néron radié debout, tenant un globe avec la Victoire (44). Or. Très beau.

41 Temple de Vesta. Arg. — Temple de Janus. — Arc de triomphe. (309). GB. — MB. variées, 3 p. — Ens. 6 p.

42 PB. variés, 3 p. — Coloniales d'Antioche, 2 p. Br. — Néron et Poppée. Pot d'Alexandrie. — Ens. 6 p.

43 *Galba*. Couronne civique (287). Arg. — La Paix debout (149 var.). MB. — Ens. 2 p. B.

44 Buste lauré à dr. ℞ HONOS. ET. VIRTVS. S. C. L'Honneur et la Valeur debout (89). GB. B.

45 *Othon*. Tête nue à dr. ℞. SECVRITAS. P. R. La Sécurité tenant un sceptre (17). Arg. TB. Rare.

46 *Vitellius*. La Liberté (47). Trépied (115). Arg. — Mars. GB. et MB. — Ens. 4 p.

47 *Vespasien*. La Paix; les 2 Césars; Caducée; la Judée. Arg. 4 p. — La Fortune; la Victoire. MB. 3 p. — Ens. 7 p. En général B.

48 L'Espérance debout à g. (452). MB. TB.

49 *Vespasien, Titus et Domitien*. Tête de Vespasien à dr. ℞. Têtes affrontées des deux Césars (5). Arg. B.

50 *Titus*. Truie. Arg. — La Félicité; la Judée; l'Espérance. MB. 3 p. — Ens. 4 p.

51 *Domitien*. Tête laurée à dr. ℞. PRINCEPS. IVVENTVTIS. Casque sur un trône (Var. de 396). Or. TB.

52 Prêtre salien; Cavalier; Trône. Arg. 3 p. — La Fortune; l'Espérance. MB. 2 p. — Porc. PB. — Ens. 6 p. B.

53 La Germanie captive; Jupiter. GB. 2 p. *Domitia* (2). Arg. Ebréchée. — Ens. 3 p.

54 *Nerva*. Mains jointes; la Liberté. Arg. 2 p. — Mains jointes; Couronne. MB. 2 p. — Modius PB. — Ens. 5 p.

55 *Trajan*. Vesta assise. Arg. — Aigle; Autel. Bill. 2 p. — Tête à dr. sur un aigle. ℟. Tête d'Hercule. Méd. Arg. frappé à Tyr. — Ens. 4 p. B. et TB.

56 — GB. 2 p. — MB. 9 p. — Ens. 12 p. variées.

57 *Plotine*. Son buste à dr. ℟. Vesta assise à g. (3). Arg. Trouée.

58 *Marciane*. DIVA. AVGVSTA. MARCIANA. Buste à dr. ℟. CONSECRATIO. Aigle éployé à dr. sur un foudre, regardant à g. (8). Arg. TB. Très rare.

Ex. Vente Henri Martin. N° 176. 90 fr.

59 *Adrien*. DISCIPVLINA. AVG. S. C. L'Empereur suivi de soldats (542). — L'empereur relevant la Bithynie (1244). GB. — Ens. 2 p.

60 Navire; Rome; la Santé; Neptune; la Félicité; l'Allégresse, la Fortune. GB. 7 p. — Modius; la Sécurité; l'Abondance. MB. 3 p. — Ens. 10 p. En général B.

61 Alexandrie; la Tranquillité; Adrien et Trajan debout. *Sabine*. La Concorde; Junon. Arg. — Ens. 5 p. B.

62 *Ælius*. GB. 2 p. variées et MB. — Ens. 3 p.

63 *Antonin*. Buste lauré à dr. ℟. TR. POT. XXI. COS. IIII. La Santé à dr., nourrissant un serpent (1044). Or. TB.

64 L'Abondance; la Paix (2 var); Cérès; la Santé; Temple octostyle. GB. 6 p. — La Monnaie; Eléphant. MB. 2 p. — Ens. 8 p. En général B.

65 *Antonin*. Tête laurée. ℟. Antonin debout à dr. (1176). La Libéralité. *Faustine mère*. Trône (2 p.); Paon; Vesta. Arg. — Ens. 6 p.

66 *Marc-Aurèle*. Bûcher; M. Aurèle debout; Trophée; la Fortune; Pallas. Arg. — Ens. 5 p. B.

67 Temple; M. Aurèle à cheval, etc. GB. 6 p. — MB. 3 p. — Ens. 9 p. variées. La plupart B.

68 *Faustine jeune*. Deniers variés. Ens. 4 p. B.

69 La Fécondité; Junon; Vénus; Autel. GB. — Ens. 4 p. B.

70 *Annius Vérus*. Buste enfantin à dr. ℟. S. C. dans une couronne (VIII, p. 279, 31). PB. TB. Rare.

71 *Lucius Vérus*. *Lucille*. Deniers variés. Ens. 5 p. B.

72 M. Aurèle et Vérus debout. GB. et MB. — GB. de Lucille. 3 p. — Ens. 6 p.

73 *Commode*. Massue; Jupiter; Jupiter et Commode; Congiaire; Rome. Arg. — Ens. 5 p.
74 L'Abondance; la Liberté (2 p.); la Victoire. GB. 4 p. — Pallas. MB. — Ens. 5 p.
75 Congiaire (2 variétés); Hercule sacrifiant. GB. *Crispine*. GB. — Ens. 4 p.
76 *Pertinax*. Tête laurée. ℟. Janus debout (17). Arg. Ebréché.
77 *Pescennius Niger*. IMP. CAES. C. PESC. NIGER... COS. II. Tête laurée à dr. ℟. APOLLINI. SANCTO. Apollon debout à g. (2). Arg. B. Très rare.
78 *Albin*. Minerve à g. (48). *Septime Sévère*. L'empereur à cheval; la Fortune; Hercule; la Victoire. 4 p. Arg. — Ens. 5 p. B.
79 *Julie Domne*. Cérès; Cybèle; la Piété. 3 p. *Caracalla*. Mars; le Soleil. 2 p. Arg. — Ens. 5 p. B. et TB.
80 SECVRITAS. PERPETVA. S. C. Pallas debout à g. (564). GB. B. Rare.
81 *Plautille*. La Concorde à g. (1). *Géta*. Géta à g.; derrière, un trophée (157). 2 p. Arg. — Ens. 3 p. B. et TB.
82 *Macrin*. Buste lauré. ℟. La Sécurité (87). Arg. TB.
83 Buste lauré. ℟. Temple d'Astarté. *Diaduménien*. Buste lauré. ℟. Même temple. MB. (Frappés à Berytus). — Ens. 2 p. B.
84 M. OPEL. ANT. DIADVMENIAN. CAES. Buste à dr. ℟. PRINC. IVVENTVTIS. Le césar entre 3 enseignes (3). Arg. B. Rare.
85 *Elagabale*. *Paula*. *Soémias*. *Maesa*. *Alexandre Sévère*. Deniers variés. — Ens. 6 p. B. et TB.
86 Jupiter; Mars; le Soleil; l'Espérance. GB. — Quadrige. MB. *Mamée*. La Félicité; Vénus (2 p.). GB. — Ens. 8 p.
87 *Orbiane*. Buste à dr. ℟. La Concorde (1). Arg. B.
88 *Mamée*. Junon. Arg. *Maximin I*. La Providence. Arg. — Mars; la Santé. GB. — Ens. 4 p. B.
89 *Pauline*. DIVA. PAVLINA. Buste voilé. ℟. CONSECRATIO. Pauline enlevée sur un paon (2). Arg. Très belle pièce. FDC. Rare.
90 *Maxime*. Instruments de sacrifice (2 et 7). GB. — Ens. 2 p. B.

91 *Gordien d'Afrique fils*. Buste lauré. ℞. VICTORIA. AVGG. S. C. Victoire à g. (13). GB. B. Rare.

92 *Balbin*. Mains jointes (17). Arg. — L'empereur debout (21). GB. — Ens. 2 p.

93 *Pupien*. Buste lauré. ℞. PAX. PVBLICA. S. C. La Paix assise à g. (23). GB. TB. Rare.

94 PROVIDENTIA. DEORUM. S. C. La Providence (34). GB. B.

95 *Gordien III*. Deniers variés. 23 p. TB.

96 Gordien assis; la Libéralité; la Victoire; Mars; la Fortune; la Joie. GB. — Ens. 6 p. B. et TB.

97 *Tranquilline*. **CAB· TPANKYΛΛEINA· CEB·** Buste à dr. ℞. **L, Z·** Tête de Zeus à dr. Pot. d'Alexandrie. TB. Rare.

98 *Philippe père*. Buste radié. ℞. PAX. FVNDATA. CVM. PERSIS. La Paix à g. (113). Arg. B. Rare.

99 L'Equité; l'Abondance; la Libéralité; la Santé; la Sécurité; la Tranquillité; les jeux séculaires. Arg. — Ens. 12 p. TB.

100 L'Equité; l'empereur assis; Antilope; Cippe; Temple. *Otacilie*. La Concorde; la Piété; Hippopotame. GB. — Ens. 8 p. B.

101 La Concorde; la Piété. *Philippe fils*. Le prince debout; la Paix; Chèvre à g. etc. Arg. — Ens. 18 p. B. et TB.

102 Les 2 Philippe; le prince debout; Chèvre. *Trajan Dèce*. La Dacie; la Valeur. GB. — Ens. 5 p.

103 La Dacie; Génie; les Pannonies; la Fertilité. *Etruscille*. La Pudeur. *Etruscus*. Mains jointes; le prince; l'Espérance Arg. — Ens. 10 p. B. et TB.

104 *Hostilien*. Apollon assis à g. (31). GB.

105 *Trébonien Galle*. Revers variés. Arg. 10 p. — La Paix; la Piété; Temple. GB. — Ens. 13 p. En général. B.

106 *Volusien*. Revers variés. Arg. 8 p. *Emilien*. La Paix à g. (26). Arg. — Ens. 9 p. B. et TB.

107 IMP. CAES. AEMILIANVS. P. F. AVG. Buste radié. ℞. VICTORIA. AVG. Victoire allant à g. (52). Arg. TB.

108 *Valérien père*. Types variés. Bill. et PB. — Ens. 14 p. B. et TB.

109 *Mariniane*. Paon de face (3). Bill. *Gallien*. Types variés. Bill. et PB. 18 p. — Ens. 19 p. B. et TB.

110 *Salonine*. Bill. et PB. 7 p. *Salonin*. Bill. 5 p. — Ens. 12 p. B. et TB.

111 *Macrien jeune*. Buste radié. ℞. L'Indulgence assise à g. (6). Bill. B. Rare.

112 *Quiétus*. Buste radié. ℞. Jupiter assis à g. (8). PB. B. Rare.

113 *Postume*. Types variés. Bill. — Ens. 23 p. B. et TB.

114 *Lélien*. Buste radié. ℞. Victoire à dr. (3). PB. B. Rare.

115 *Victorin*. 7 p. *Marius*. 3 p. PB. — Ens. 10 p. variées. En général B.

116 *Tétricus père*. Types variés. 17 p. *Tétricus fils*. 10 p. PB. — Ens. 27 p. B. et TB.

117 *Claude II*. Types variés. 21 p. *Quintille*. 5 p. PB. — Ens. 26 p. B. et TB.

118 *Aurélien*. Types variés. PB. — Ens. 20 p. La plupart TB.

119 *Vabalathe et Aurélien*. Tête laurée de Vabalathe. ℞. Tête laurée d'Aurélien (1). PB. — Potin d'Alexandrie. — Ens. 2 p. B.

120 *Sévérine*. La Concorde (2 p.). *Tacite*. Types variés. 6 p. *Florien*. 3 p. PB. — Ens. 11 p. B. et TB.

121 *Probus*. Types variés. PB. — Ens. 25 p. TB.

122 *Carus*. 3 p. *Numérien*. 6 p. *Carin*. 7 p. PB. — Ens. 16 p. variées. B. et TB.

123 *Magnia Urbica*. Buste à dr. ℞. Vénus debout à g. (11). PB. TB. Rare.

124 *Nigrinien*. DIVO. NIGRINIANO. Tête radiée à dr. ℞. CONSECRATIO. Aigle éployé à g. (2). PB. TB. Très rare.

125 *Dioclétien*. Types variés. MB. 5 p.; PB. 13 p. — Ens. 18 p. TB.

126 Soldats sacrifiant devant un camp (517). *Maximien Hercule*. Même type (622). Arg. — Ens. 2 p. B.

127 Types variés. MB. 4 p.; PB. 17 p. — Ens. 21 p. B. et TB.

128 *Carausius*. La Tutelle; la Santé. *Allectus*. La Providence. PB. — Ens. 3 p.

129 *Constance Chlore*. Tête laurée. ℞. FEL. ADVENT. AVGG. NN. L'Afrique debout (34). Arg. TB.

130 Autel ; la Monnaie. MB. *Hélène*. PB. 3 p. *Théodora*. PBQ. — Ens. 6 p. B. et TB.

131 *Galère Maximien*. MB. 4 p. ; PB. 4 p. *Valérie*. MB. *Sévère II* MB. *Maximin Daza*. MB. 3 p. ; PB. 2 p. *Maxence*. MB. 4 p. ; PB. 1 p. — Ens. 20 p. B. et TB.

132 *Romulus*. Tête nue à dr. ℞. Temple (12) MB. TB.

133 *Licinius père*. BR. 13 p. *Licinius fils*. PB. 5 p. *Constantin I*. MB. 3 p.; PB. 24 p. — Ens. 45 p. B. et TB.

134 *Autonomes*. PB. Constantinople. 5 p. ; Rome, 2 p. ; Le peuple romain, 2 p. *Fausta*. PB. *Crispus*. PB. 18 p. — Ens. 28 p. B. et TB.

135 *Hannibalien*. FL. HANNIBALIANO. REGI. Buste nu à dr. ℞. SECVRITAS. PVBLICA. L'Euphrate couché (2). PB. B. Très rare.

136 *Constantin II*. PB. 8 p. *Constant*. PB. 10 p. *Constance II*. PB. 11 p. — Ens. 29 p. B. et TB.

137 Buste diadémé à dr. ℞. Rome et Constantinople tenant un bouclier (108). Sou d'or TB.

138 *Vétranion*. Buste lauré à dr. ℞. L'empereur tenant 2 labarum (1). MB. TB. Rare.

139 *Constance Galle*. Buste nu à dr. ℞. Rome et Constantinople tenant un bouclier (27). Sou d'or. TB. Rare.

140 *Magnence*. MB. 5 p. *Décence*. MB. et PB. 6 p. *Julien II*. Arg. 1 p. ; PB. 8 p. — Ens. 20 p.

141 *Jovien*. Couronne (33). Arg. *Valentinien I*. PB. 9 p. — Ens. 10 p. En général B.

142 *Procope*. Buste diadémé. ℞. VOT. V. dans une couronne (14). Arg. Trouée.

143 *Valens*. Buste diadémé. ℞. Valens et Valentinien debout (75). Sou d'or. TB.

144 Rome assise (109). *Gratien*. Même type (55 et 86). Arg. — Ens. 3 p. B. et TB.

145 Valentinien I et II, Valens, Gratien, Théodose I, Maxime, Honorius, Arcadius. MB. et PB. 29 p., et 1 Arcadius arg. — Ens 30 p. B. et TB.

146 *Magnus Maximus*. Rome assise (20). Arg. TB.

147 *Honorius*. Buste diadémé à dr. ℟. L'empereur à dr., foulant un captif (44). Sou d'or. TB.

148 *Valentinien III*. Buste diadémé. ℟. L'empereur debout (19). Sou d'or. TB.

149 *Arcadius*. Buste diadémé à dr. ℟. Constantinople assise de face (Sabatier. pl. III. 14). Sou d'or. TB.

150 *Théodose II*. Buste armé de face. ℟. Rome nicéphore assise à g. (S. V. I). Sou d'or. TB.

151 *Léon*. Buste armé de face. ℟. Victoire à g., tenant une longue croix (S. VI. 22). Sou d'or. TB.

152 *Justinien I*. Buste armé de face. ℟. Victoire à g. tenant une croix (S. XII. 2 var.). Sou d'or. TB.

153 *Théophile, Michel et Constantin VIII* (S. XLIII. 16). Or. *Athalaric* (5 p.). *Théodahat, Constant II, Basile II et Constantin XI*.—Ens. 9 p. Or. Arg. et Br. En général Ḃ.

154 *Michel VII*. L'empereur à mi-corps, tenant le labarum et le globe. ℟. Buste du Christ de face (S. LI, 4 varié). Sou d'or concave. TB.

155 Anastase. PB. Justin. Justin et Sophie. Tibère-Constantin. Phocas. GB. et MB. 6 p. *Tessère*. A. P. P. F. dans une couronne. ℟. Sceptre (C. VIII. p. 272, 53). PB. — Ens. 8 p.

156 **Lots**. Deniers d'Auguste à Constant. Arg. et Bill. — Ens. 30 p.

157 Bronzes romains, pour la plupart de types rares; Matidie, Pertinax, Manlia Scantilla, Albin, Gordien d'Afrique père, Hostilien, etc. Frustes, retouchés ou faux. GB. et MB. — Ens. 34 p.

158 César et Octave, Auguste, Claude, Vespasien, Domitia, Titus, Trajan, Adrien, Sabine, Ælius, Antonin, Faustine, Marc Aurèle, Faustine II, Vérus, Lucille, Commode, S. Sévère, Julie Domne, Caracalla, Soémias, Maesa, S. Alexandre, Mamée, Maximin, Gordien, Philippe, Otacilie, Philippe II, Décius, Gallus, Volusien, Postume. GB. — Ens. 120 p.

159 Auguste, Tibère, Germanicus, Claude, Néron, Domitien, Trajan, Adrien, Antonin, Faustine, Marc Aurèle, Faustine II, Vérus, Commode, S. Sévère, Elagabale, S. Alexandre, Mamée, Maximin, Maxime, Otacilie, Décius, Gallien, Dioclétien, Maximien, Maximin Daza, Valérie, Maxence, Licinius, Constant, Constance II, Magnence, Décence, Théodose, Maxime. MB. — Ens. 95 p.

160 Auguste, Tibère, Néron, Trajan, Faustine, Valérien, Gallien, Salonine, Salonin, Postume, Lélien, Victorin, Tétricus, Claude II, Quintille, Aurélien, Séverine, Tacite, Probus, Carus, Numérien, Carin, Dioclétien, Maximien, Constance, Hélène, Galère, Maximin Daza, Maxence, Licinius, Constantin, Crispus, Constantin II, Constant, Constance II, Magnence, Julien, Jovien, Gratien. PB. — Ens. 536 p.

161 Alexandrie. Divers règnes. Pot. 47 p. — Autonomes et impériales grecques, etc. Br. 50 p. — Ens. 97 p.

MONNAIES FRANÇAISES (1)

162 **Carolingiens.** *Melle.* Deniers, 17 p. — Oboles, 5 p. Bill. — Ens. 22 p.

163 **Hugues Capet et Hérivée.** *Beauvais* (9). **Louis VI.** *Nevers* (22). Deniers. Bill. **Louis IX.** *Gros tournois* (9). Arg. — Ens. 3 p. B.

164 **Philippe IV.** *Gros tournois* à l'O rond (5). Arg. 4 variétés. TB.

165 **Philippe VI.** *Royal.* PHS. REX. FRACOR. Le roi debout sous un dais. ℟. + XPC. etc. Croix (1). Or. TB.

166 *Ecu.* Le roi assis, tenant l'écu. ℟. + XPC. etc. Croix (3). Or. TB.

(1) Les numéros entre parenthèses sont ceux de Hoffmann.

167 *Piéfort de l'écu d'or.* Mêmes types (4). Billon.
168 *Chaise.* Même lég. avec GRACIA. Le roi assis sur un siège gothique. ℟ + XPC. etc. Croix (14). Or. B.
169 *Piéfort du double tournois.* + PHILIPPVS FRANC. Couronne avec REX. ℟. + MONETA DVPLEX. Croix à long pied (60). Bill. B. Rare.
170 **Jean le Bon.** *Ecu.* Le roi assis, tenant l'écu. ℟. + XPC. etc. Croix (1). Or. B.
171 *Piéfort du double parisis* (54). Bill.
172 *Gros tournois à la couronne* (16). *Gros blanc à la couronne* (26). *Gros blanc* (33). *Gros dit Patte d'oie* (49). Bill. — Ens. 4 p.
173 **Charles VI.** *Ecu.* Ecu couronné. ℟. + XPC. etc. Croix (1). Or. Très beau.
174 *Agnel.* Agneau pascal; dessous, K. F. RX. ℟. Croix cantonnée de 3 lis et une croisette (4). Or. B.
175 *Gros tournois* (14). *Florette* (17). *Blanc Guénar* (22). *Demi-blanc* (26). Bill. — Ens. 4 p.
176 **Henri V.** *Florette* (6). *Double tournois* (11). **Henri VI.** *Blanc aux écus* (6). *Gros de Calais.* Bill. — Ens. 4 p. B.
177 **Charles VII.** *Ecu à la couronne.* Ecu entre 2 lis couronnés. ℟. + XPC. etc. Croix (6). Tours. Or. TB.
178 *Royal.* KAROLVS DEI GRA FRANCORV REX L. Le roi debout, vêtu d'un manteau fleurdelisé; à g., cinq lis; à dr., sept lis. ℟. XPC. etc. Croix (9). Loches. Or. TB. Rare.
179 *Gros aux rondeaux.* Même lég. Ecu entre 9 lis encerclés. ℟. + SIT. etc. Croix entourée de 12 couronnelles encerclées (14-60 fr.). Bill. Très rare.
180 *Grand blanc dentillé.* Ecu dans une rosace. ℟. Croix dans une rosace (15). Bill. Rare.
181 *Gros de roi.* Trois lis sous une couronne. ℟. Croix fleurdelisée (22). Arg. TB.
182 **Louis XI.** *Gros de roi.* Trois lis sous une couronne. ℟. Croix fleurdelisée (12). Arg. TB.
183 *Grand blanc à la couronne* (15). **Charles VIII.** Douzain (11). *Carolus du Dauphiné* (22). *Liard au dauphin de Bretagne.* (39). Bill. — Ens. 4 p. B.

184 *Ecu au soleil.* Ecu surmonté d'un soleil. ℟. Croix (1).
Or. TB.

185 *Ecu d'Anne de Bretagne.* Ecu entre 2 porcs-épics. ℟. Croix cantonnée de 2 hermines et de 2 **A** couronnés (15 — 150 fr.). Nantes. Or.

186 *Douzain à la couronne* (26). Lyon. Bill. *Bisonne de Milan.* Ecu entre 2 guivres. ℟. Croix (94). Arg. — Ens. 2 p. B.

187 **François I.** *Ecu au soleil.* Ecu surmonté d'un soleil. ℟. Croix (4). Rouen. Or. TB.

188 *Ecu à la croisette.* Ecu. ℟. Croix dans une rosace (12). Lyon. Or. TB.

189 *Ecu du Dauphiné.* Champ écartelé. ℟. Croix fleurdelisée (19). Or. TB.

190 *Teston.* Buste imberbe couronné. ℟. Ecu entre 2 **F** couronnés (42). Lyon. Arg. TB.

191 — Buste barbu radié et cuirassé. ℟. Ecu couronné dans une rosace (81). Lyon. Arg. B.

192 **Henri II.** *Teston au moulin.* Tête laurée. ℟. Ecu couronné (52). Paris. Arg. TB.

193 *Teston.* Buste nu, cuirassé. ℟. 1556. Ecu entre 2 **H** couronnés (65). Toulouse. Arg. TB.

194 **Charles IX.** *Ecu au soleil.* 1564. Ecu. ℟. Croix (1 var.). Or. TB.

195 *Teston.* 1563 (10). Toulouse. — Autre. 1565 (18). Limoges. — Id. 1572 (25). Toulouse. *Demi-teston.* 1561 (13). La Rochelle. Arg. — Ens. 4 p. B. et TB.

196 **Henri III.** *Teston.* 1575 (7). Bayonne. *Franc.* 1578 (20). Riom. *Demi-franc.* 1587 (23). Paris. Arg. — Ens. 3 p. B. et TB.

197 *Quart d'écu.* 1588 (29). Nantes. *Huitième.* 1589 (31). Paris. **Charles X.** *Quart d'écu.* 1590 (8). Nantes. **Henri IV.** *Quart d'écu.* 1603 (13). Bayonne. Arg. — Ens. 4 p. TB.

198 *Quart d'écu de Navarre.* 1591 (29). *Quart d'écu de Navarre-Béarn.* 1606 (32). Arg. — Ens. 2 p. TB.

199 *Demi-franc.* Buste lauré et cuirassé à dr., dessous K et une mitre (Jean Malus). ℟. 1604. Croix feuillue. Bordeaux. Arg. TB.

200 **Louis XIII**. *Ecu*. Ecu. ℟. 1632. Croix tortillée (6 var.). Rouen. Or. TB.

201 *Demi-louis*. Tête laurée. 1642. ℟. Croix de 8 **L** couronnés (24). Paris. Or. FDC.

202 *Quart d'écu*. 1629 (30). *Quart d'écu de Béarn*. 1615 (47). *Louis de 30 sols*. 1643 (94). *Quinze sols*. 1643 (97). *Cinq sols*. 1642 (103). Arg. — Ens. 5 p. TB.

203 **Louis XIV**. *Louis d'or*. Tête laurée à dr. 1709. ℟. Croix de 8 **L** couronnés (42). Lyon. Or. TB.

204 *Demi-écu blanc*. Mèche courte. 1644 (59). *Quart d'écu*. 1643 (61). *Douzième*. 1644 (63). Arg. — Ens. 3 p. FDC.

205 *Ecu blanc de 60 sols*. Buste lauré, mèche longue. ℟. 1653. Ecu (74). Rouen. Arg. TB.

206 *Ecu du Parlement*. Buste avec cravate brodée. ℟. 1680. Ecu (113). Bayonne. Arg. TB.

207 *Ecu carambole*. Buste drapé. ℟. 1685. Ecu écartelé de France et de Bourgogne (128). Paris. Arg. TB.

208 — *Demi-écu*. Mêmes types. 1685 (129). Paris. Arg. Très beau.

209 — *Quart d'écu*. 1686 (130). Lille. *Seizième*. 1686 (132). Lille. Arg. — Ens. 2 p. B. et TB.

210 *Ecu carambole aux palmes*. Buste cuirassé. ℟. 1694. Ecu rond écartelé, cerné de palmes (148). Lille. Arg. TB. Traces de surfrappe. Rare.

211 — *Demi-écu*. Mêmes types. 1694 (149). Arg. B. Rare.

212 — *Quart d'écu*. Mêmes types. 1694 (150). Pau. Arg.

213 — *Huitième*. (151). Lille. *Seizième*. 1695 (152) Lille. Arg. — Ens. 2 p.

214 *Ecu aux huit L*. Buste cuirassé. ℟. 1705. Croix de 8 **L** couronnés (174). Rennes. Arg. TB.

215 *Ecu aux 3 couronnes*. 1710 (187). Lyon. *Demi-écu*. 1710 (189). Paris. *Dixième*. 1710 (191). Troyes. Arg. — Ens. 3 p. TB.

216 **Louis XV**. *Demi-louis aux insignes*. LUD. XV. etc. 1716. Buste enfantin. ℟. Ecu ovale sur le sceptre et la main de justice (5). Lille. Or. B. Mais abimé au revers. Très rare.

217 *Louis à la croix de Malte.* 1719. Buste lauré. ℟. Croix de Malte (9). Paris. Or. TB.

218 *Louis aux lunettes.* Buste drapé à g. ℟. 1726. Ecus ovales sous une couronne (16). Paris. Or. FDC.

219 *Demi-louis au bandeau.* Tête à g. ℟. 1745. Les 2 écus (20). Lille. Or. TB.

220 *Ecu Vertugadin.* Buste enfantin drapé. ℟. 1716. Ecu rond (26). Dijon. Arg. TB.

221 — *Demi-écu.* Mêmes types. 1716 (28). Clermont. Arg. Très beau.

222 *Ecu aux huit L.* Buste lauré et cuirassé. ℟. 1725. Croix de 4 lis; autour, 4 doubles **L** et 4 couronnes (45). Amiens. Arg. TB.

223 *Demi-écu au bandeau.* Tête à g. ℟. 1761. Ecu cerné de lauriers (58). Lille. Arg. TB.

224 *Ecu de 6 livres.* Buste lauré à g. ℟. 1772. Même écu (62). Lille. Arg. Très beau.

225 *Petit louis d'argent* (33). *Vingt sols de Navarre* (38). *Quart d'écu* (42). *Douze sols* (60). *Six sols* (67). *Livre de la Cie des Indes* (84). Arg. — Ens. 6 p. TB.

226 **Louis XVI.** *Louis aux lunettes.* Buste habillé à g. 1783. Les 2 écus (3). Paris. Or. Très beau. Rare.

227 *Ecu, Demi-écu, 24* et *12 sols* (11, 13, 14, 15). Arg. — *Sol* et *liard* (17, 19). Cuivre. — Ens. 6 p. TB. et FDC.

228 *Essai de l'écu.* 1791. Buste à g. ℟. Génie écrivant. Réunion de 2 plaques. Etain. TB.

229 **Révolution.** *Ecu.* RÈGNE DE LA LOI. 1793. Génie écrivant. ℟. RÉPUBLIQUE FRANÇOISE — L'AN II. Dans une couronne, SIX LIVRES. A. Arg. TB.

230 *Assignats métalliques.* Armes de Lyon. ℟. En 7 lignes: PURE MATIÈRE DE CLOCHE, FRAPPÉE PAR MERCIÉ MATHIEU ET MOUTERDE A LYON. Métal de cloche. TB.

231 HONORÉ RIQUETTI MIRABEAU. Tète laurée à g. ℟. PURE MATIÈRE DE CLOCHE, FRAPPÉE PAR MERCIER MATHIEU MOUTERDE..., etc., A LYON MDCCXCII. (Hennin 365) Métal de cloche. B. Rare.

232 — Autre. MÉTAL..., etc. sans date (H. 405). Métal de cloche Très beau.

233 — Variété. PUR MÉTAL... etc. an IV (H. 375). Métal de cloche. B.

234 Monnerons. Essais. Dixain (2 modules). Lavoisier par Gengembre. Br. — Ens 8 p. TB.

235 *Saint-Domingue.* RÉPUBLIQUE FRANÇAISE. La République debout, de face, tenant un faisceau et une pique surmontée du bonnet phrygien. ℟. COLONIE DE SAINT DOMINGUE. Dans le champ, UN ESCALIN. (Zay, 81). Arg TB. et très rare.

236 *République Cisalpine.* Deux femmes représentant la Cisalpine et la France. Ecu de 6 lire, an VIII. Arg. FDC.

237 **Empire.** 2 *Francs.* Tête de Napoléon. An 12. Paris. Arg. FDC.

238 *Franc.* An 13 et 1808. *Demi-franc.* An 12 et 1812. *Quart.* An 12, 13 et 1807. Arg. — Ens. 7 p. TB. et FDC.

239 5 *Francs.* Buste de Bonaparte à dr. Signé Lambert. Dans une couronne : PIECE DU CONCOURS. Etain bronzé. FDC.

240 — Tête à dr., signée DROZ. F. ℟. Dans la couronne, 5 FRANCS. Etain bronzé. FDC.

241 — Tête variée signée LAVY. Etain. FDC.

242 — Autre variété. signée GALLE. Etain bronzé. FDC.

243 — Autre, signée BRENET. Etain bronzé. FDC.

244 — NAPOLÉON EMPEREUR. Tête laurée, signée J. P. DROZ. F. ℟. 5 FRANCS. 1815 dans une couronne. Etain bronzé. FDC.

245 *Jérôme Napoléon.* Tête laurée à g. 10 Frank. 1810. Or. TB.

246 — Même tête. 5 Frank. 1810. Or. TB.

247 5 *Frank.* Tête à dr. ℟. 1808. Couronne avec 5 FRANK. Etain bronzé. FDC.

248 *Joachim Murat.* Sa tête à g. ℟. GRANA. 2. dans une couronne. 1810. Cuivre. B.

249 **Louis XVIII.** 5 *francs.* 1815. Buste à g. signé DROZ. F. Etain bronzé FDC.

250 *Essai de 40 Francs.* 1815. Tête laurée à dr. ℟. PIECE DE 40 FRANCS. Ecu cerné de lauriers. Cuivre. FDC.

251 *Essai de 5 centimes.* Tête à g. ℟. CINQ CENTIMES 1821. dans une couronne. Cuivre. TB.

252 *Essai.* Tête à g. ; dessous, ESSAI. ℞. Ecu cerné de lauriers ; dessous, ESSAI. Cuivre. TB.

253 *10* et *5 cent. des colonies.* Essais de Brichaud. Arg. — Ens. 2 p. FDC.

254 **Henri V.** *Essai de 5 francs.* HENRI V ROI DE FRANCE. Buste à g. en uniforme. ℞. Ecu cerné de lauriers. 5-F. 1831. Tranche inscrite. Arg. FDC.

255 **Louis-Philippe.** *2 Francs.* 1832. *Franc.* 1847. *Demi.* 1842. *50 cent.* 1848. *Quart.* 1840. *25 cent.* 1848. Arg. — Ens. 6 p. FDC.

256 **République.** 1848. *Essai de Rogat.* 20 francs, frappé en piéfort. tranche inscrite. Cuivre. FDC.

257 — 5 francs. Piéfort, tranche inscrite. Cuivre. FDC.

258 — 10 cent. Piéfort. Tranche inscrite. Cuivre. FDC.

259 Concours de 1848. Essais de 5 francs par divers graveurs. Cuivre. 11 p FDC.

260 — Autres. Etain. 26 p. TB. et FDC.

261 Essais de 10 centimes. Etain. 18 p. TB. et FDC.

262 **Siège de Paris.** 1870. *Essai au ballon.* G^T DE LA DÉFENSE NATIONALE. Ballon. ℞. REPUBLIQUE FRANÇAISE. 1870. Dans une couronne de chêne, 10. Argent. FDC.

263 **Lot.** Monnaies françaises diverses, royales et féodales. Billon. — Ens. 340 p.

264 — Grand lot de monnaies, jetons, tokens, etc. Cuivre. — Ens. 1380 p.

JETONS

265 **Moyen Age.** *Type royal.* 24 pièces, plusieurs variétés. Cuivre. B.

266 *Type couronne.* 22 pièces variées. Cuivre. En général B.

267 *Type du roi assis.* 5 p. *Type esterlin.* 15 p. *Type écu aux 3 lis.* 14 p. Cuivre. — Ens. 34 p. B. et TB.

268 *Semé de lis*. 8 p. *Ecu trilobé*. 6 p. *Champ fleurdelisé*. 3 p. *Dauphin*. 9 p. *Nef*. 14 p. Cuivre. — Ens. 40 p. B. et TB.

269 *Ecu en losange*. 14 p *Roi tenant l'écu. Homme sauvage*, etc. 12 p. *Soleil*. 3 p. Cuivre. — Ens. 29 p. La plupart B.

270 *Divers*. Monogrammes et types variés intéressants. Cuivre. — Ens. 37 p.

271 *Agnel*. Nombreuses variétés. Cuivre. — Ens. 34 p. La plupart B.

272 *Jetons des lombards*. Types variés. Cuivre. — Ens. 31 p. B.

273 **Rois de France**. *Henri II*. 3 p. *François II*. La Félicité. 1560. *Charles IX*. 2 p. Cuivre. — Ens. 6 p. B. et TB.

274 *Henri III*. 1578, 1579. 1589 et s. d. Cuivre. — Ens. 4 p. TB.

275 *Henri IV*. 1596, 1599, 1605, 1608 et s. d. Cuivre. — Ens. 5 p. TB.

276 *Louis XIII*. 1611, 1613, 1614, 1622, 1635 et 4 p. s. d. Cuivre. — Ens. 9 p. TB.

277 *Louis XIV*. 1644, 1654 (2 p.), 1658, 1659, 1672, 1674 et 5 p. s. d. Cuivre. — Ens. 12 p. TB.

278 LA. PIESE. DE. PLAISIRE. Lis entouré de 4 L couronnés, séparés par 4 étoiles. ℟. FAICT. AV. MOVLIN. Ecu. Cuivre. B.

279 **A** au centre d'un ornement de lis cantonnés de L. ℟. Sous un lis : DOMINE SALVVM FAC REGEM. 1694. Cuivre. TB.

280 *Louis XV*. Son mariage avec Marie Leczinska. Deux mains sur un autel. Au bas, BERLIN. 1725. Arg. TB.

281 **Reines et Dauphines**. *Catherine de Médicis*. Ecu. ℟. Larmes. *Marie de Médicis*. 1624. *Marie-Thérèse*. 1660 (3 p.), 1669, 1673 et s. d. Cuivre. — Ens. 8 p. variées. B. et TB.

282 *Marie-Louise, reine d'Espagne*. Tête à g. ℟. QUOT. CONTINET. UNA. 1702. Grenade. Cuivre. FDC.

283 Même droit. ℟. ABSENTIS. LUMINA. REDDIT. 1702. La Lune au-dessus d'une partie du globe. Cuivre. FDC.

284 *Marie-Adélaïde, duchesse de Bourgogne*. Tête à g. ℟. GRATIOR. IN. DIES. 1706. Oranger dans une caisse. Cuivre. FDC.

285 Buste à dr. ℟. SPES. NOVA. 1707. Laurier. Cuivre. FDC.

286 *Marie-Adélaïde, dauphine*. Buste à dr. ℟. SPENDOR MAGNUS MAXIMA VIRTUS. 1712. La couronne delphinale. Cuivre. FDC.

287 *Marie-Josèphe, dauphine*. Tête ♀ g. ℟. 1748. Deux palmiers. Cuivre. FDC.

288 Même tête. ℟. Amour arrosant un arbre. Arg. TB.

289 *Marie Leczinska*. Buste à g. ℟. 1728. Branches d'olivier en sautoir. Arg. TB.

290 — FŒCUNDO IMPLEBIT LUMINE TERRAS. 1732. Soleil sur un paysage. Arg. TB.

291 — 1734. Oranger. Arg. TB.

292 — 1737. Vigne autour d'un ormeau. Cuivre. FDC.

293 — 1742. Dauphin dans une constellation. Cuivre. FDC.

294 — 1758. Lentille reflétant le soleil. Cuivre. FDC.

295 **Administrations**. *Chambre des Comptes*. Rosace. 5 p. — Ecu de François I. 3 p. — Ecu d'Henri II. Cuivre. — Ens. 9 p. variées. TB.

296 CAMERÆ. COMPVTOR. REGIORVM. Ecu dans le collier de St Michel. ℟. SVBDVCENDIS. RATIONIBVS. 1584. Banderole sur des rayons. Arg. TB. Rare.

297 — 1554, 1557 (2 p.), 1577, 1582, 1584, 1607 et 3 p. s. d. *Correcteurs des comptes*. Cuivre. — Ens. 11 pièces variées. TB.

298 — Les 2 écus. ℟. HÆC. etc. 1641. La Justice assise. Arg. TB.

299 *Conseil du roi*. NIL. NISI. CONSILIO. Ecu dans le double collier. ℟. DEGENERES. SOL. ARGVIT. 1585. Aigle sur son aire. Arg. TB.

300 — 1603. Couronne sur un mont. Arg. B.

301 — Salamandre. — Massue et hydre. 1618. — Miroir 1637. — Chardon. 1640. Cuivre. — Ens. 4 p. B. et TB.

302 COLLIGIT. VT. SPARGAT. 1656. Fontaine. Arg. TB.

303 *Secrétaires du roi*. Champ fleurdelisé. 1620. Cuivre. — Louis XIV. Abeilles. 1698. — Louis XV. Abeilles. 1715. Arg. — Ens. 3 p. TB.

304 *Conseillers du roi. Notaires*. LVDOVICVS. MAGNVS. XIIII. Tête de Louis XIV à dr.; dessous 1676. ℟. LEX. EST. QVODCVNQ. NOTAMVS. Gnomon; à l'exergue, CON[ERS] NO[RES] GARD[TES] DV. ROY. Arg. TB. Très rare.

305 LVDOVICVS. MAGNVS. REX. Buste lauré. ℟. Même lég. avec QVODCVMQ. et gnomon; à l'exergue, CONERS DV. ROY. ET. NOTAIRES. 1683. Arg. TB. Très rare.
306 *Agents de change et banque à Paris.* 1703. La Prudence devant un coffre. ℟. L'Abondance et la Renommée. Cuivre. Refrappe.
307 *Menus plaisirs du roi.* Les 2 écus dans le double collier. ℟. SVSCITARE. QVIS. AVDEBIT. 1619. Lion couché, tenant une épée et une balance. Arg. TB.
308 *Trésor royal.* Tête de Louis XIV. ℟. DITAT INEXHAVSTVS. 1680. Soleil. Arg. TB.
309 — LOCVPLES. CONTINENTE. RIPA. 1698. Fleuve. Arg. TB.
310 Buste de Louis XV. ℟. 1724. Fleuve devant un réservoir. Arg. FDC.
311 — 1731. L'Abondance assise sur un nuage. Arg. TB.
312 — 1736. Ruche et essaim. Arg. TB.
313 — 1743. Atlas portant le globe. Arg. TB.
314 — Carquois. — Fleuve. — Ancre. 1711. — Mine. 1732. — Arbres. 1739. — Triptolème. 1741. Cuivre. — Ens. 6 p. TB.
315 *Chambre aux deniers,* Tête de Louis XIV. ℟. 1703. Pommier. Arg. TB.
316 — 1710. Ruche et essaim. Arg. TB.
317 — 1714. Oiseau sur un tertre. Arg. TB.
318 Buste de Louis XV. ℟ 1758. Laurier. Arg. TB.
319 Lyre. 1709. — Hébé et Jupiter. 1721. — Prêtre juif. 1737. — Feu de joie. 1745. — Jupiter, Hébé et les Titans vaincus. 1746. — Table. 1755. Cuivre. — Ens. 6 p. TB.
320 *Parties casuelles.* Tête de Louis XIV. ℟. 1712. Métamorphose de Daphné. Arg. TB.
321 Buste de Louis XV. ℟. 1732. Orangerie. Arg. TB.
322 — SOPITOS SUSCITAT. 1734. Coq à g. Arg. TB.
323 — MITTIT DE PECTORE CURAS. 1739. Boussole. Arg. TB.
324 — Autel. 1697. — Glands tombant d'un chêne. 1706. — Emondeur. 1728. — Serre. 1732. — Vestale. 1736. — Paysan. 1747. — Moissonneuse. 1753. Cuivre. — Ens. 7 p. TB.

325 *Bâtiments du roi.* Tête de Louis XIV. ℟. ILLUSTRAT. SUPERUM. DOMOS. 1714. Le Soleil sur le zodiaque. Arg. TB.

326 Buste de Louis XVI. ℟. Caducée. Arg. TB.

327 Le Val-de-Grâce. 1664. — Apollon. 1738. — Compas. 1751. *Chambre des Monnaies.* Vénus. 1575. — Brasier. 1582. — Temple. 1606. Cuivre. — Ens. 6 p. TB.

328 *Ordinaire des guerres.* Tête de Louis XIV. ℟. NIL IMPERVIVM. 1694. Bombe éclatant sur une forteresse. Arg. TB.

329 Tête de Louis XV. ℟. 1751. Bombes et fusées. Arg. TB.

330 Foudre. 1708. — Casque et égide. 1733. — Chêne et abeilles. 1745. — Foudre. 1746. — Castor et Pollux. 1753. Cuivre. — Ens. 5 p. TB.

331 *Extraordinaire des guerres.* Tête de Louis XIV. ℟. INTER NUBILA TUTA. 1703. Un laurier. Arg. TB.

332 Buste de Louis XV. ℟. 1737. La forge de Vulcain. Arg. TB.

333 — 1747. Jupiter dans les nues. Arg. TB.

334 Tête de Louis XVI. ℟. 1777. La Paix et Mars. Arg. TB.

335 Soleil et Zodiaque. 1679. — Laurier. 1703. — Deux lutteurs. 1754. — Pégase. 1756. — Hercule couché. 1767. Cuivre. — Ens. 5 p. TB.

336 *Artillerie.* Buste de Louis XV. ℟. SI VIS PACEM PARA BELLUM. 1734. Minerve faisant établir une batterie. Arg. TB.

337 *Marine.* Buste de Louis XV. ℟. FERRO ET PERNICIBUS ALIS. 1758. Kalaïs et Zethès combattant les harpies. Arg. TB.

338 *Invalides de la marine.* Tête laurée de Louis XVI. ℟. LUD. XV. MAJORUM. etc. 1773. Statue du roi entre 2 bustes, signé B. DU. Oct. Arg. TB.

339 La même pièce sans signature au revers. Oct. Arg. TB.

340 *Compagnie des Indes.* 1723. Ecu tenu par 2 sauvages. ℟. SPEM. AUGET. OPESQUE PARAT. Navire voguant à g. Arg. TB. Très rare.

341 *Connétablie et Maréchaussée.* Deux bâtons de maréchal en sautoir. ℟. Dextrochère Arg. TB.

342 *Maison du roi.* Buste de Louis XVI. ℟. Deux L cursifs. Oct. Arg. TB.

343 *Ordre du Saint-Esprit.* Tête de Louis XV. ℟. ORDRE ET MILICE DU SAINT ESPRIT. 1770. Le St-Esprit dans le collier. Oct. Arg. TB.

344 *Ordre de Saint Louis.* Tête laurée de Louis XV. ℟. FIRMATUR CONSILIO VIRTUS. Saint Louis armé debout. Arg. TB.

345 *Mariage de Louis XVI.* Son buste à g. ℟. 1770. Minerve assise devant l'Hymen qui attache 2 écus à un palmier. Arg. TB.

346 *Liberté des mers.* Buste de Louis XVI à dr. ℟. Dans une couronne : LIBERTÉ DES MERS. — PAIX DE 1783. Arg. TB.

347 **Princes et Personnages**. *Legendre, trésorier de Louis XII.* + IVDICA. ME. DEVS. ET DIGNE. CAVSA. MEA. ED. GTE. Ecu échancré. ℟. + PO. TOVT. MO. EVR. IE, SOVHAITE. PAYS. ET. HONR. Ecu échancré. Cuivre. B. Très rare.

348 *Jean de Balagni.* IAN. DE MONLVC. S. DE BALAGNI. Son écu. ℟. QVI. BIEN. COMPTE. NE. S. ABVSE. L'aigle de Cambrai. Cuivre. TB.

349 *Philippe de Croy.* PHLE. SYRE. DE. CROY. DVC. DARSCHOT. Buste à dr. ℟. Z. PRINCE DE CHIMAY ET DE PORCEAN. Ecu avec collier. Cuivre. TB.

350 *Jacques Brisard* (Normandie). JACQVES. BRISARD. CONSEILLER. Ses armes. ℟. + DV. ROY. EN. SA. COVRT. DE. PARLEMENT. Croix fleuronnée, cantonnée de 3 besants et d'une moucheture. Cuivre. TB.

351 *Gaston d'Orléans.* GASTON. DE. FRANCE. ONCLE. VNIQUE. DV. ROY. Ecu. ℟. 1645. Deux couronnes. Arg. TB.

352 *Louis de Bourbon, Prince de Condé.* Buste armé à dr. ℟. NON. OMNIS. DEXTERA. SOLVAT. Dépouilles opimes. Cuivre. TB.

353 *Le cardinal Barberini.* CAR. AN. BAR. MAG. FRANC. ELEEM. Buste à dr. ℟. GRATIOR. VMBRA. 1656. Abeilles sur des lis. Arg. TB.

354 *Poncet de la Rivière.* Ses armes. ℟. Ecus de la Cour des Monnaies. *Jean Ferron.* Son écu. ℟. 1657. Croix de 4 lis. Cuivre. — Ens. 2 p. B. et TB.

355 *Nicolas Antoine Félibien.* Ecu; au bas, A BOVRGES. 1697. ℟. Ecus accolés d'Armand du Pré et de dame Félibien. 1710. Cuivre. TB.

356 *Louis de Vendôme, général des Galères.* Son écu. ℟. 1697. Alcyon dans son nid sur la mer. Arg. TB.

357 — 1704. Le Soleil éclairant une montagne. Cuivre. TB.

358 *Jean-Nicolay et Françoise de Lamoignon.* Leurs écus sur un cartouche couronné. ℟. Lég. en 9 lignes. 1705. Arg. TB. Rare.

359 *Boulin, conseiller à la Cour des Aides.* 1707. Son écu. ℟. Les 9 écus des conseillers. Cuivre. TB.

360 *Louis, comte de Vermandois.* Tête à dr. ℟. 1674. Gouvernail. *Le duc du Maine et le comte de Toulouse.* Leurs têtes. 2 p. Cuivre. — Ens. 3 p.

361 *Louis-Auguste, duc du Maine.* Buste à dr. ℟. ARTILLERIE. 1709. Canon. Cuivre. TB.

362 — PARTA. LABORE. QVIES. 1715. Pièces d'artillerie. Cuivre. TB.

363 *Louis-Alexandre, comte de Toulouse.* Buste à dr. ℟. 1704. Hercule combattant Cerbère. — 1725. Trois tritons. Cuivre. — Ens. 2 p. TB.

364 — 1727. Trois faucons sur un perchoir. Cuivre. TB.

365 *Le duc du Maine.* Buste à dr. ℟. ET MUTA MINANTUR. 1731. Bergers découvrant des canons. Arg. TB.

366 *Le chevalier d'Orléans.* Ses armes. ℟. DISCUNT QUE PER OTIA BELLUM. — GALÈRES. 1724. Oiseaux sur la mer. Cuivre. TB.

367 *Le duc de Penthièvre.* Buste à dr. ℟. VIS. INSITA. MAIOR. — MARINE. 1756. Aigle au-dessus des nuages. Cuivre. TB.

368 *Gaspard Dudun, administrateur du Trésor.* Buste à g ℟. 1724. Ecu dans un double collier. Cuivre. TB.

369 *H. Bachelier, lieutenant de robe courte.* Son écu. ℟. FUCOS A PRÆSEPIBUS ARCENT. 1724. Ruche et essaim. Cuivre. TB.

370 *Le président d'Aligre et M. L. A. Durey.* Leurs écus sur un manteau. ℟. Lég. en 8 lignes. 1738. Oct. Cuivre. TB.

371 *D'Angervilliers.* Son écu accolé à celui de Maupeou. ℟. JETTON DE MONSIEUR D'ANGERVILLIERS MINISTRE ET SECRETAIRE D'ÉTAT. Oct. Arg. B.

372 *Le maréchal de La Mothe Houdancourt.* Monogr. sur un manteau. ℟. Son écu sur un manteau. Oct. Cuivre. TB.
373 *Durey de Bourneville et Durey de Noinville.* Leurs écus accolés. ℟. Lég. en 6 lignes. 1761. Cuivre. TB.
374 *L'infant don Philippe.* PHILIPPUS D. G. HISPAN. INFANS. Tête à g. ℟. Minerve debout. Arg. TB.
375 *Le comte de Provence.* L. STAN. XAV. DE FRANCE COMTE DE PROVENCE. Tête à g. ℟. MAISON DE MGR LE COMTE DE PROVENCE. Ecu dans 4 colliers. Arg. TB.
376 **Paris.** *Claude de Santeul, échevin.* Son écu. ℟. TANDEM. IACTATA. QVIESCIT. 1657. Armes de Paris. Arg. TB.
377 *Claude Le Peletier* (4e prévôté). Armes de Paris. ℟. VNVS. TERGEMINVM. 1675. Hercule abattant le triple Géryon. Arg. TB.
378 *Boucher d'Orsai* (4e prévôté). Son écu. ℟. CARA IOVI. 1707. Un chêne. Arg. TB.
379 *Divers.* Nef. 1576 et 1585. — Election. — Procureurs (2 p.) — Pontcarré de Viarme. 1760. — Architectes. — Lycée des Arts. 1792. Cuivre. — Ens. 8 p. TB.
380 *Clergé.* Tête laurée de Louis XV. ℟. CONVENTUS etc. MDCCLVIII. Arg. TB.
381 Tête de Louis XVI. ℟. CONVENTUS. etc. MDCCLXXV. Oct. Arg. TB.
382 *Eglise Notre-Dame.* ECCLESIA. PARISIENSIS. La Vierge sur champ de lis. ℟. SOLI. HÆC. ADVERSA REFVLGET. Le Christ au-dessus de la Cathédrale. Cuivre. TB.
383 *Œuvre Ste Opportune.* Lis couronné. ℟. En 5 lignes : IE SVIS A LŒVVRE SAINCTE OPPORTVNE. 1621. Méreau Cuivre. TB.
384 *Le 1er corps des Marchands.* NICOLAS DESPLASSES 1717. Son écu. ℟ UT CŒTERAS DIRIGAT. Vaisseau. Cuivre. TB. Rare.
385 *Distillateurs marchands d'eau-de-vie.* Buste lauré de Louis XV. ℟. St Louis à genoux devant un alambic. Arg. TB.
386 *Commnauté des lingères.* Buste de Louis XV à dr. ℟. 1719. La couronne d'épines sur un linge; au centre, VERONICA. Arg. TB.

387 *Lunettiers.* AVE MARIA GRA. Croix fleurdelisée, cantonnée de 2 lunettes et de 2 lis. ℞. + PLENA. DOMINVS. TECVM. BNE. Lunettes. Cuivre. TB.

388 *Jurés vendeurs de volailles.* Buste lauré de Louis XV. ℞. Adam et Ève à dr. sous un arbre; à g., des animaux. Arg. TB.

389 Buste habillé à dr. ℞. Même lég. et sujet; mais Adam et Ève à g., et les animaux à dr. Arg. TB.

390 — Variété, le buste lauré et cuirassé. Arg. TB.

391 *F. Vernage, doyen.* SCHOLÆ TUTELA PRÆSENS. Buste de Fagon à g. ℞. 1703. Ecu aux 3 cigognes. Br. TB.

392 *Ph. Hecquet, doyen.* Son buste à g. ℞. MONSTRAT ITER. 1714. Serpent s'élançant vers un temple. Br. TB.

393 *Martinenq, doyen.* 1748. Buste à dr. ℞. En 6 lignes : RECOGNITA. etc. Cuivre. TB.

394 *Théodore Baron, doyen.* Buste à dr. ℞. 1754. Ecu aux 3 cigognes. Cuivre. TB.

395 *Boyer, doyen.* Buste à dr. ℞. 1758. Ses armes. Cuivre. TB.

396 *Desessarts, doyen.* Buste à g. ℞. Lég. en 11 lignes : SECTIO SYMPHYS. OSS. PUB. LUCINA NOVA. 1768. INVENIT PROPOSUIT. 1777. FECIT FELICITER. J. R. SIGAULT. D. M. P. JUVIT. ALPH. LE ROI. D. M. P. Arg. TB.

397 *Le Vacher de la Feutrie, doyen.* Buste à dr. ℞. 1779-1780. Son écu. Cuivre. TB.

398 *Sallin, doyen.* Buste à dr. ℞. 1784-1785. Son écu. Cuivre. Tres beau.

399 *Bourru, doyen.* Buste à g. ℞. CONCORDIA ET CONSTANTIA VINCENT. 1786-87. La Concorde et la Constance. Arg. TB. Rare.

400 Même buste à g ℞. Lég. en 9 lignes : HUJUS FILIUM. etc. MDCCXC. A l'exergue : IT. ÉL. 1788. CONF. 1789. Arg. TB. Rare.

401 *Guillotin.* Buste à dr. ℞. Lég. en 8 lignes. 1807 (TN. XXIX. 22). Arg. TB.

402 — Variété. Autre lég. au revers. 1809-1810 (TN. XLVII. 5). Cuivre. TB.

403 *Académie de chirurgie.* Tête de Louis XVI. ℞. 1751. Minerve et un génie. Arg. TB.
404 — Variété avec buste habillé. Arg. TB.
405 Tête de Louis XVI. ℞. 1775. Façade de l'école de chirurgie. Arg. TB.
406 SALVTI. PUBLICÆ. Portique. 1775. ℞. VETAT. MORI. Allégorie de l'Académie des Inscriptions. Arg. TB.
407 *Collège de pharmacie.* Buste de Louis XVI à g. ℞. 1778. Armes. Arg. TB.
408 *Maison philanthropique.* 1781. Mains arrosant des plantes. Arg. TB.
409 *Société médicale.* 1796. Buste d'Hippocrate à dr. Oct. Arg. TB.
410 *Société de médecine pratique.* Tête d'Hippocrate à g. 1808. Arg. TB.
411 — Le bâton d'Esculape. Petit module. Arg. TB.
412 *École de médecine.* Tête d'Esculape à g. Arg. TB.
413 *Société pharmaceutique.* Tête d'Hygiée à g. ℞. Cippe, vase, cornue, etc. 1796. Oct. Arg. TB.
414 *Académie de médecine.* Tête de Charles X à dr. Oct. Arg. TB.
415 Tête nue de Louis-Philippe à dr. Oct. Arg. TB.
416 *Hôpital militaire.* Tête de Louis-Philippe couronnée. ℞. Serpent et miroir. Oct. Arg. TB.
417 *Hôpitaux civils.* Tête nue de Louis-Philippe à g. Arg. TB.
418 *Société médicale du Xe arrondissement.* Armes de Paris. Arg. TB.
419 *Institution des jeunes aveugles.* Minerve assise à g. Arg. TB.
420 *Commissaires du Châtelet.* Armes de Delamare. ℞. Vue de la Cité, prise du Pont-Neuf. Cuivre. TB.
421 *Théâtre italien.* 1757. Vue de la scène. ℞. Ecu de France. Cuivre. TB. Rare.
422 *Loge des 9 sœurs.* Buste de Dethy à g. ℞. Apollon et les Muses construisant un temple. 5781. Cuivre. TB. Rare.
423 *Foire St-Germain-des-Prés.* Méreau de 1 franc 50 centimes. Cuivre. TB.

424 *Nouvel Hôtel des Monnaies*. 1768. Vue du bâtiment. ℟. Le château de Bellevue. 1750. Oct. Arg. TB.

425 *Administration des eaux*. 1788. Ecu de Paris. ℟. LE DIEU DU FEU DEVIENT LE DIEU DES EAUX. Vulcain. Oct. Arg. B.

426 *Société d'Agriculture*. EX UTILITATE DECUS. Charrue. ℟. COMPAGNIE DE LA GUYANE FRANÇAISE. Nègre sur une plantation. Oct. Arg. TB.

427 *Société philotechnique*. 1795. Tête d'Apollon à g. Arg. TB.

428 *Commerce de la boucherie*. Tête de Louis XVIII à dr., par Andrieu. ℟. 1816. Taureau à g. Oct. Arg. TB.

429 *Référendaires au sceau de France*. Tête de Louis-Philippe à dr. ℟. Parchemin entouré d'emblèmes. Oct. Arg. TB.

430 **Amiens**. *Société de Médecine*. Tête de Louis-Philippe. Octog. Arg. TB.

431 *Notaires*. Ecu de France. ℟. 1816. La Justice assise à dr. Cuivre. TB.

432 Même écu varié. ℟. 1827. Tables et balance. Oct. Arg. TB.

433 **Angers**. *Mairie*. Buste du duc d'Anjou. ℟. MUNICIPALE PRÆMIUM. Armes de la ville. Arg. TB.

434 Variété avec ASSIDUIS CONCILIIS. Mêmes armes. Arg. TB.

435 *René Robert, maire*. Son écu. 1724. *Allard*. Son écu. 1777. Cuivre. — Ens. 2 p. TB.

436 **Artois**. Lion fuyant devant un coq. 1655. — Fontaine. 1656. — *Les Etats*. Louis XV. 2 p. variées. Cuivre. — Ens. 4 p. B. et TB.

437 **Bordeaux**. *Fr. de Chamilly, gouverneur*. Son écu. ℟. RUPELLA IN TESTIM. OBS. ET GRAT. PROCONSULI BENEFICENTISSIMO SPONTE OBTULIT. 1720. sous un cartouche renfermant un vaisseau. Cuivre. TB. Rare.

438 *Société de médecine*. Buste d'Hippocrate à dr., signé BRENET. Arg. TB.

439 *Chambre de Commerce*. Une allégorie. ℟. 1906. Vue des quais de Bordeaux, signée J. JOINDY. Arg. TB.

440 **Bourges**. *Notaires*. La Justice assise de face. Oct. Arg. TB.

441 **Bourgogne**. *Les Etats*. Buste de Louis XV à dr ℟. COMITIA BURGUNDIÆ. 1767. Armes. Arg. TB.

442 Buste de Louis XVI à g. ℟. Même revers avec 1779. Arg. TB.

443 — 1713, 1715 (2 p.), 1731, 1740. — *Chartraire*, élu. 1707. Cuivre. — Ens. 6 p. TB.

444 *Menou de Regny de Druy, élu*. 1710. Son écu. ℟. Ecu de Bourgogne. Cuivre. TB.

445 *Rigolay, élu*. Cartouche à ses armes appuyé sur un lion couché. ℟. COMITIA BURGUNDIÆ. 1767. Ecu de Bourgogne. Arg. TB. Très rare.

446 *B. de Sassenay*. Cartouche à ses armes. ℟. COMITIA BURGUNDIÆ 1782. Armes de Bourgogne. Arg. TB. Très rare.

447 *Seguin*. Cartouche à ses armes. ℟. COMITIA BURGUNDIÆ. Armes de Bourgogne. Sans date. Arg. TB. Très rare.

448 **Bretagne**. *Les Etats*. Tête de Louis XIV. ℟. 1685. Ecu écartelé. Arg. TB.

449 Tête variée. ℟. 1707. Ecu écartelé. Arg. TB.

450 — La même pièce de 1709. Arg. TB.

451 — Autre de 1711. Arg. TB.

452 Tête laurée de Louis XV. ℟. 1732. Ecu écartelé. Arg. TB.

453 Buste lauré et cuirassé. ℟. Ecu varié. 1752. Arg. TB.

454 Tête laurée à dr. ℟. Autre écu. 1762. Arg. TB.

455 Buste lauré et drapé. ℟. Même écu. 1766. Arg. TB.

456 Même tête variée. ℟. Le même. 1770. Arg. TB.

457 Tête de Louis XVI à dr. ℟. Ecu de Bretagne. 1776. Arg. TB.

458 **Calvados**. *Hygiène publique*. Ecu dans une rosace. Arg. TB.

459 **Châlons-sur-Marne**. *Hôtel de ville*. Buste de Louis XV, lauré et cuirassé. ℟. Armes de la ville. Arg. TB.

460 **Charenton**. *Arquebuse*. Buste de Louis XV. ℟. Arquebuses en sautoir. Cuivre. TB.

461 **Châteauroux**. *Notaires*. Tables et balance. Oct. Arg. TB.

462 **Château Thierry**. *Arquebuse*. 1827. Oct. Arg. TB.

463 *Notaires*. Tables et balance. Oct. Arg. TB.

464 **Cosne**. *Notaires*. 1835. Gnomon. Oct. Arg. TB.

465 — Variété. Le gnomon plus large. Oct. Arg. TB.

466 **Dijon**. *Burteur, maire*. 1742. Ecu de Dijon. ℟. Ecu tenu par 2 sauvages. Arg. TB.

467 **Dreux.** *St Etienne.* S. STEPHANVS. DE. DROCIS. Saint-Etienne à genoux à g. ℞. D. II dans un grènetis entouré de 4 lis séparés par une triple rangée de points. Mereau. Cuivre. TB. Très rare.

468 **Etampes.** *Arquebuse.* Château. ℞. Arbalète et arquebuse en sautoir. Au bas: AU CHEVALIER VAINQUEUR. Arg. TB.

469 **Gien.** *Notaires.* Tête de Cérès à dr. ℞. Balance. Oct. Arg. TB.

470 Tête de République à g. ℞. Le précédent. Oct. Arg. TB.

471 **Le Hâvre.** *Compagnie d'Assurances.* Buste de Louis XVI à dr. ℞. 1783. Hercule vainqueur d'Achéloüs. Oct. Cuivre. TB.

472 *Courtiers près la Bourse.* 1833. Mercure assis de face. Arg. TB.

473 **Languedoc.** *Les Etats.* Louis XIV. 1659. — Louis XV et le Régent. 1718. — Louis XV. 1765. Cuivre. — Ens. 3 p. TB.

474 Buste drapé de Louis XV à dr. ℞. 1719. Ecu de Toulouse. Arg. TB.

475 Buste varié. ℞. 1720. Ruche et essaim. Arg. TB. Rare.

476 Pierre de Bonzi, évêque de Béziers. Son écu. — Cohon, évêque de Nîmes. Son écu. Cuivre. — Ens. 2 p. TB.

477 **Lille.** *Les Etats.* Buste lauré de Louis XV. ℞. 1737. L'Abondance accoudée à un autel. Arg. TB.

478 **Litry.** *Mines.* Outils de mineur; au dessus 15. — Autre plus petit avec 10. Cuivre. — Ens. 2 p. TB.

479 **Lyon.** *Villeroy, gouverneur.* Son écu cerné de palmes. ℞. Louis XIV galopant à g. Au bas: INVICT. PRINC. COSS. LVGD. 1697. Cuivre. TB.

480 *Leclerc de la Verpillière, prévôt des marchands.* Son écu tenu par 2 levrettes. 1765. ℞. Armes de Lyon entre le Rhône assis et la Saône couchée. Arg. TB. Très rare.

481 *Birouste, échevin.* Cartouche à ses armes. ℞. Armes de Lyon entre le Rhône et la Saône debout. Cuivre. TB.

482 *Arquebuse de Villeneuve.* Armes sur un cartouche. ℞. SCOPUS OMNIBUS UNUS. 1770. Cible et arquebuses en sautoir. Arg. TB.

483 *Garde nationale.* RÉPUBLIQUE FRANÇAISE. FORCE. UNION. Bonnet sur un faisceau cerné de lauriers. ℟. GARDE NATIONALE DE LYON dans une couronne de chêne. Oct. Cuivre. TB.

484 **Melun**. *Orient.* 5825. Trois cœurs dans une couronne d'acacia. ℟. Triangle. Oct. Arg. TB.

485 **Nancy**. *Chambre de ville.* Vue de Nancy. ℟. NON INVLTVS PREMOR. 1643. Ecu de la ville. Arg. TB.

486 **Nantes**. *Chevallier, maire.* 1627. Vaisseau nantais. ℟. Ecu. Cuivre. TB.

487 **Neufchatel**. *Notaires.* Tête de Louis Philippe à g. ℟. signé Bessaignet. Arg. TB.

488 **Nevers**. *Notaires.* 1829. La Justice ailée marchant à dr. Oct. Arg. TB. Rare.

489 **Nord**. *Conseil de salubrité.* Tête d'Esculape à dr. Oct. Arg. TB.

490 **Poitou**. Champ parti d'un demi-lis et d'un demi-châtel, sur fond pointillé. ℟. Tête d'évêque à g. ; devant, crosse et étoile. Méreau. Cuivre. TB.

491 **La Rochelle**. *Caisse d'épargne.* Tête couronnée d'épis à g. ℟. Ecu entre 2 dauphins. Arg. TB.

492 **Rouen**. *La Citè et le Peuple.* Tête de Louis XVI à dr. ℟. Armes enguirlandées sur un chapiteau. Oct. Arg. TB.

493 **Saint Omer**. *A. de Valbelle.* Son écu. ℟. 1723. La Fortune.— Méreau de l'église. 1526. Cuivre. — Ens. 2 p. B. et TB.

494 **Saintes**. *Collège.* Buste de Louis XVI à dr. ℟. La Justice assise de face ; P. L. LAROCHEFOUCAULD. EPIS. PRÆSES. 1786. Oct. Arg. B. Rare.

495 **Seine-Inférieure**. *Asiles des aliénés.* Buste d'Hippocrate de face. Oct. Arg. TB.

496 **Seine-et-Oise**. *Conseil d'hygiène.* Tête d'Hygiée à g. Oct. Arg. TB.

497 **Soissons**. *Notaires.* Armes royales. ℟. Gnomon. Oct. Arg. TB.

498 Gnomon. ℟. NOTAIRES dans une couronne. Oct. Arg. TB.

499 **Vervins**. *Notaires.* Tables de la loi et emblèmes. 1836. Oct. Arg. TB.

500 **Vichy**. *Compagnie des eaux thermales.* Tête d'Esculape à dr. Oct. Arg. TB.

———

NUMISMATIQUE — ARCHÉOLOGIE
ART ANCIEN

ÉTIENNE BOURGEY

7, Rue Drouot (Téléphone 274-64)

PARIS

Adresse Télégraphique : ETIENBOURG-PARIS.

Le 5 Mai 1913

Vente à l'Hôtel Drouot de la Collection de M. le Capitaine A. G. : *Monnaies Grecques, Romaines, Gauloises, Françaises et Étrangères, Médailles et Jetons.*

Le catalogue illustré de 4 planches est envoyé sur demande.

Achat au comptant, et quelle qu'en soit l'importance, de trouvailles et collections de monnaies anciennes, jetons, médailles, etc.

Achat et vente d'antiquités romaines, gallo-romaines, grecques et égyptiennes, bronzes, statuettes, bijoux, etc.

MM. les amateurs auront intérêt, avant de se défaire de leur collection, à la présenter à M. Étienne Bourgey, qui fera toujours son possible pour donner un prix supérieur au prix déjà offert par les autres acheteurs.

Rédaction de catalogues, direction de ventes publiques, expertises

IMPRIMERIE C. CHAUFOUR
6-8, RUE MILTON, PARIS

www.ingramcontent.com/pod-product-compliance
Lightning Source LLC
LaVergne TN
LVHW020306230826
846091LV00006B/2557

* 9 7 8 2 3 2 9 4 0 4 8 7 5 *